지리 톡 세계 Talk

01 동부 아시아

지리 톡 세계 Talk

조지욱 글 | 허현경 그림

01 동부 아시아

스푼북

차례

동부 아시아에 뛰어들며

안녕, 야옹아!
안녕! 난 한국 민화에 자주 등장하는 호랑이라고 해. 반가워!
호랑……? 아무리 봐도 고양이 크기인데?
어흥!
고양이라니, 아직 크는 중이라 그렇거든! 그나저나 넌 누구니?
어흥!
북
서
동
남
난 길 찾을 때 꼭 필요한, 지도라고 해.

난 너 없이도 길을
잘 찾는데?
호랑이야말로
뛰어난 방향 감각으로
먼 곳까지 갔다 다시 집을
찾아올 수 있는 동물이지.
그래? 그럼
한반도에서 제일 가까운
중국, 일본, 몽골 정도는
이미 다녀왔겠구나.
너한테 길 안내를
맡겨도 될까?
그쯤이야 매, 매일 다녀오는걸.
고개 하나만 넘으면 되니까.
어흥!
일본?
(그게 어디지?)
바다도 건너야 하는데
괜찮겠어?
끄아아아아아,
난 소금물이 정말 싫어!
자, 동부 아시아
여러 나라가 어떻게
생겼는지 알고 싶다면,
날 따라오라고!

북
서
4
동
남
몽골
중국

× 1장 ×

동부 아시아는 어떤 곳일까?

동부 아시아는 저위도에서 고위도까지 넓게 펼쳐져 있어요.
그래서 온대 기후, 냉대 기후, 건조 기후 등 다양한 기후가 펼쳐지지요.
그뿐인가요? 8,000미터가 넘는 높은 산에서
평균 4,000미터 높이의 고원, 광활한 초원, 해수면보다 낮은 땅까지,
다양한 자연환경을 만나 볼 수 있답니다.

넓어도 너무 넓은 동부 아시아

유럽 대륙보다 넓은 동부 아시아

아시아는 넓어요. 사실 너무 넓어서, 여러 개의 아시아로 나누어 보아야 한답니다. 그중 동부 아시아는 아시아의 동쪽에 있어요. 동부 아시아는 세계 육지 면적의 약 8퍼센트를 차지해요. 이는 한반도를 50개 넘게 이어 붙인 크기면서, 유럽 대륙보다도 넓지요.

그러고 보면 조금 억울해요. 유럽은 떡하니 하나의 '대륙'으로 불리는데, 그보다 더 넓은 동부 아시아는 중앙아시아, 동남아시아, 서남아시아 등 여러 아시아 중 하나인 거잖아요. 누군가 동부 아시아의 억울함을 풀어주면 좋겠네요.

중국은 조금 더 억울할 거야.

왜?

중국은 오스트레일리아보다도 넓거든. 근데 오스트레일리아는 오세아니아 '대륙'으로 불린단 말이지.

대륙이라고 불리면 고기 한 토막이라도 더 준대?

호랑이랑 고양이도 크기로 나누잖아. 그러니 너는 아무래도…….

무슨 소리야, 난 호랑이라고!

절묘한 곳에 자리를 잡다

많은 사람이 21세기에는 동부 아시아가 세계의 중심이 될 거라고 이야기해요. 그냥 우스개가 아니랍니다. 동부 아시아는 17억이 넘는 엄청난 인구와 세계 최고의 기술력을 보유하고 있거든요. 거기에 한 가지 더! 지리적으로 무척 절묘한 위치에 자리 잡고 있어요.

동부 아시아가 자리 잡은 곳은 세계에서 가장 넓은 대륙인 '아시아'와 세계에서 가장 넓은 바다인 '태평양'이 만나는 곳이에요. 넓은 육지와 바다가 만나면 뭐가 좋냐고요? 육지 길을 따라 서쪽으로 가면 서남아시아, 아프리카, 유럽 대륙을 만날 수 있어요. 또 바다로 나가면 아메리카와 오세아니아 대륙에 닿을 수 있지요.

지리적으로 이렇게 절묘한 데 자리 잡은 덕분에 동부 아시아의 여러 나라들은 눈부신 경제 발전을 이룰 수 있었어요. 세계적인 디지털 기술력을 갖춘 'K-문화'의 중심지 대한민국, 14억이 넘는 인구로 제조업 강국이 된 '세계의 공장' 중국, 높은 기술력으로 '경제 대국'이라는 별명이 붙은 일본 등을 대표적인 나라로 손꼽을 수 있어요.

하지만 동부 아시아의 모든 나라가 지리적인 혜택을 누리는 건 아니에요. 몽골은 육지로 둘러싸여 있어요. 바다랑 닿아 있지 않다 보니 주변 이웃 나라의 영토를 통과해야만 바다에 도달할 수 있지요. 그러니 다른 나라에서 자원을 수입하거나 만든 제품을 수출하는 데 불리한 조건을 안고 있답니다. 만약 몽골에도 바다로 나갈 수 있는 땅이 있다면 어떤 일이 생길까요? 상상은 자유니까, 한번 떠올려 보세요!

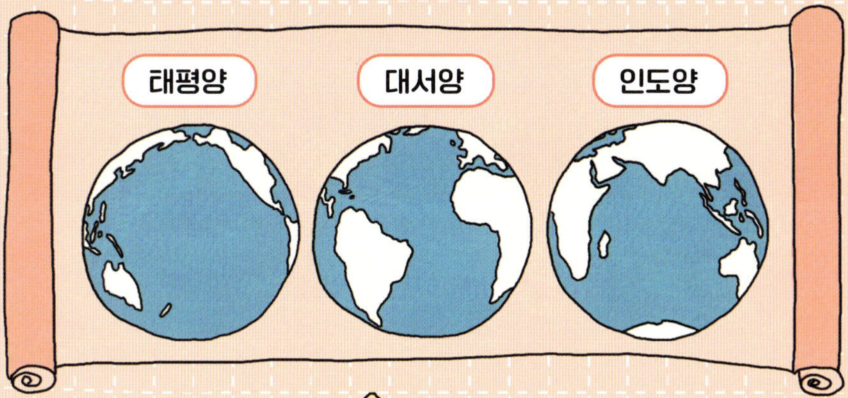

태평양, 대서양, 인도양 등 지구의 바다 중에서 태평양이 가장 크답니다!

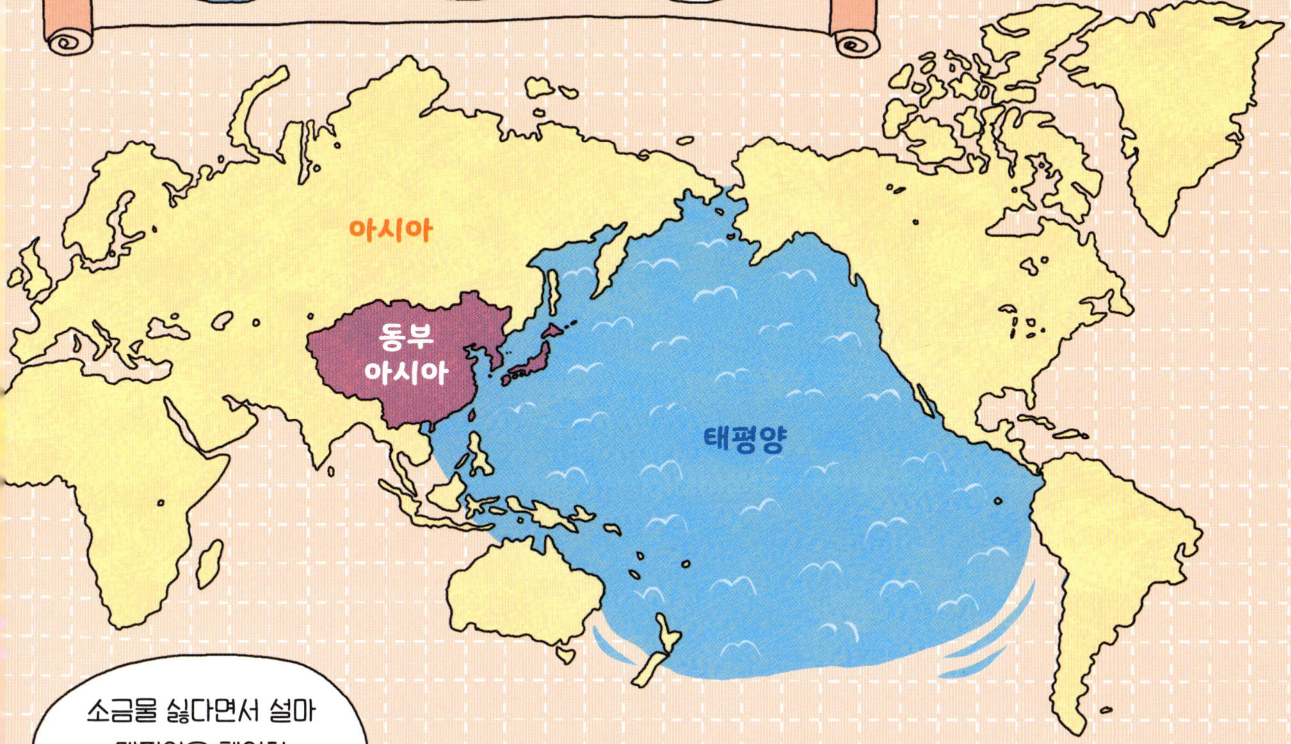

서쪽은 높은 산, 동쪽은 좁디은 섬

서쪽이 높고 동쪽은 낮은 대륙

동부 아시아는 대체로 산이 많은 데 비해 평평한 땅은 많지 않아요. 우리나라나 일본에 고층 아파트가 많은 이유도 평평한 땅, 그러니까 평야가 부족해서라고 알려져 있을 정도예요. 그런데 그건 중국도 마찬가지랍니다. 중국은 대륙이라고 부를 만큼 땅이 크고 넓지만 70퍼센트 이상이 산지예요.

동부 아시아만 따로 떼어 놓고 보면, 크게 중국을 중심으로 커다란 땅덩이인 '대륙'과 일본을 중심으로 늘어선 '열도(연달아 길게 늘어선 섬들)'로 나누어 볼 수 있어요.

동부 아시아의 대륙 부분은 서쪽에서 동쪽으로 가면서 조금씩 낮아져요. 이유가 있어요. 서쪽에는 세계에서 가장 높은 히말라야산맥과 세계의 지붕이라고 불리는 티베트고원(시짱고원)이 있기 때문이에요! 히말라야산맥이 얼마나 높은데 세계 최고냐고요? 히말라야산맥에는 8,000미터가 넘는 산들이 즐비한데, 이는 제주도의 한라산(약 1,950미터)을 네 개나 쌓아 놓은 높이랍니다.

티베트고원은 평균 4,000미터가 넘는 높이를 자랑하지만, 대부분 평평해요. 그래서 '고원'이라고 부르지요.

티베트는 세계에서 열 손가락 안에 드는 긴 강인 창장강(양쯔강)과 황허강이 시작되는 곳이기도

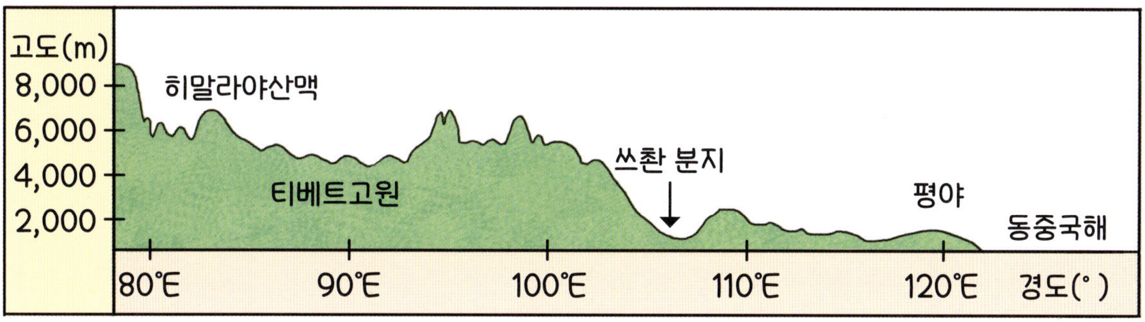

➔ 동중국해 : 중국의 동쪽, 일본의 서쪽, 타이완의 북쪽에 있는 바다.

해요. 이 강들은 서쪽에서 동쪽으로 수천 킬로미터를 흐르고 흘러 바다로 나가게 되지요.

중국 동쪽에는 넓은 평야가 있어요. 여기가 바로 14억 중국인을 먹여 살리는 중국의 식량 창고랍니다.

한편 중국 동쪽에 튀어나온 반도인

한반도는 남북으로 길쭉하게 약 1,100킬로미터 정도로 뻗어 있어요. 한반도는 중국과 달리 북쪽과 동쪽이 높은 산지여서 강들은 주로 황해로 흘러들지요. 그렇지만 대부분은 높이 1,000미터가 채 안 되는 산들이기 때문에 사람들이 밭을 일구거나 집을 짓고 살아갈 수 있어요.

동쪽 바다에 줄지은 섬들

동부 아시아의 동쪽 바다에는 약 1만 4천여 개의 섬들이 마치 활모양으로 줄지어 있어요. 이곳을 '열도'라고 부르지요. 대부분 일본에 속한 섬들인데 험준한 산이 많고 평야는 적어요.

혹시 알고 있나요? 한반도와 일본이 오래전에는 딱 붙어 있었다는 사실! 아주 오래전 일본 땅은 한반도와 한 몸이었어요. 그런데 두 나라 사이에 틈

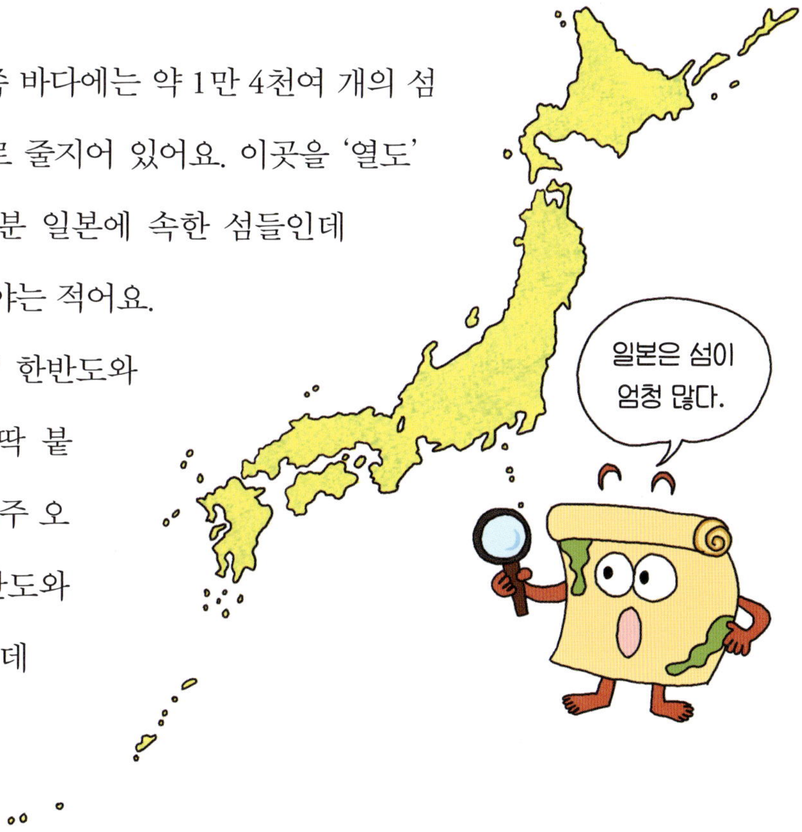

이 생기고 땅이 갈라지면서 동해가 만들어진 거예요.

시간이 지날수록 동해는 넓어졌고, 동해가 넓어지는 만큼 한반도와 일본은 멀어졌지요. 그렇게 해서 현재 일본은 바다에 떠 있는 섬나라가 된 거랍니다.

여름에는 습하고 겨울에는 건조하고

계절풍의 영향을 받다

기후를 살필 때는 우선 위도를 찾아보아야 해요. 적도에 가까운 낮은 위도인 저위도는 더워요. 반면에 위도가 높아져 극지방에 가까운 고위도일수록 추워지지요. 동부 아시아도 위도 차이가 나기 때문에 남쪽에는 덥고 습한 아열대 기후가, 북쪽에는 춥고 긴 겨울이 있는 냉대 기후가 나타난답니다.

온대 기후와 냉대 기후는 얼핏 비슷해 보여요. 두 기후 모두 사계절이 있거든요. 하지만 냉대 기후는 온대 기후보다 겨울이 춥고 또 길어요. 추운 곳은 섭씨 영하 40도까지 내려가기도 하지요. 추운 겨울을 견디기

위해 동부 아시아 사람들은 햇볕이 잘 드는 남쪽을 향해 집을 짓고, 따뜻하게 해 주는 온돌이나 난로를 집 안에 설치한답니다.

동부 아시아는 대체로 여름이 습하고 겨울은 건조해요. 이는 '계절풍' 때문이에요. 계절풍은 '계절에 따라서 바람의 방향이 바뀌는 바람'을 말해요. 계절풍은 여름에는 습기 가득한 바다에서 육지를 향해 불고, 겨울에는 건조하게 메마른 육지에서 바다를 향해 분답니다.

동부 아시아는 동쪽이 바다라고 앞서 이야기했어요. 그러니 방향으로

따지면 여름에는 동쪽과 남쪽 바다에서 바람이 불어와 습도가 높아지고, 겨울에는 북쪽과 서쪽 육지에서 바람이 불어와 건조해지는 거예요.

전 세계 어디나 여름은 습하고, 겨울은 건조한 거 아니냐고요? 지역에 따라 여름이 건조하고 겨울이 오히려 습한 곳도 있답니다.

여름이 건조하고 겨울이 습한 데가 진짜 있어?

그럼! 대표적으로 유럽의 지중해 지역은 여름에 비가 거의 오지 않아 매우 건조해. 반면에 겨울에는 비가 자주 내려서 습하지.

여름도 겨울도 다 덥고 건조했으면 좋겠어.

그건 사막이잖아…….

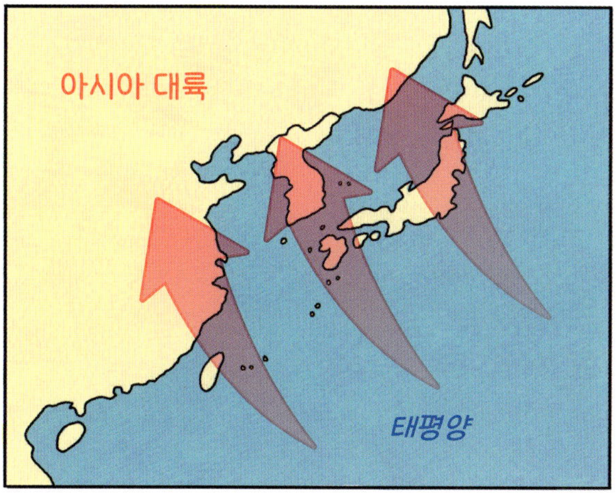

우리나라 여름 계절풍

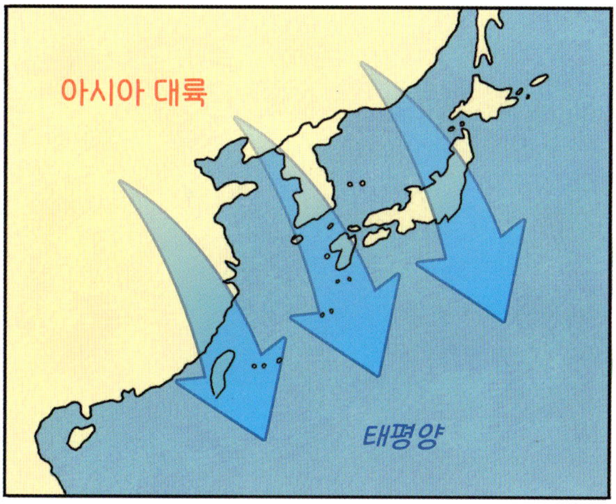

우리나라 겨울 계절풍

동부 아시아에 사막이 있다고?

동부 아시아는 내륙의 몽골과 그 주변 넓은 지역에 걸쳐 건조 기후가 나타나요. 기후에 대해 이야기할 때 건조하다는 건, 햇볕이 뜨거워서 피부가 마른다는 뜻이 아니에요.

정확하게는 '일 년 동안 내린 비나 눈의 양보다 증발되는 물의 양이 더 많다.'는 뜻이에요. 그

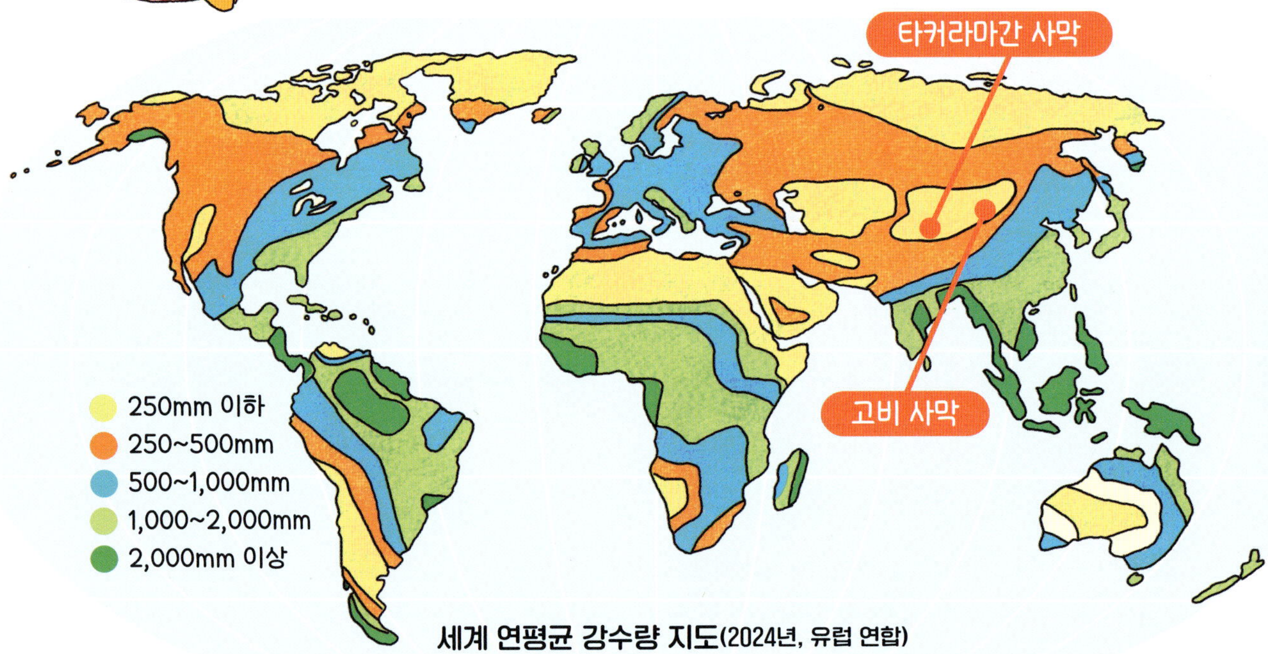

세계 연평균 강수량 지도(2024년, 유럽 연합)

래서 나무가 자라지 못하지요.

이곳에 자리 잡은 고비 사막과 타커라마간 사막(타클라마칸 사막)은 동부 아시아에서 가장 건조한 곳이에요. 또 봄이면 우리를 괴롭히는 황사의 시작점이기도 하지요. 이 사막들은 바다와 너무 멀리 떨어져 있어서 건조한 땅이 되었답니다.

우리는 보통 사막은 '뜨겁다'고 생각해요. 그런데 동부 아시아의 사막은 겨울도 있고 아주 추워요. 또 눈도 내리지요. 특히 고비 사막은 추운 겨울이면 종종 눈이 내려 쌓이기도 해요. 왜냐하면 적도 근처가 아니라 고위도에 있는 사막이기 때문이에요.

한편 이곳 사막 주변으로는 짧은 풀이 자라는 넓은 초원이 펼쳐져 있어요. 초원 지대는 사막보다 비가 많이 내리는 편이라서, 유목민들이 말과 양을 키우며 오랜 시간 살아왔어요.

지리야, 놀자!

세상에 이런 데가 있다고?

태평양과 접한 황해

↑ 중국과 한반도 사이의 '황해'예요. 중국에서는 동쪽으로, 한반도에서는 서쪽으로 퇴적물을 싣고 온 강물이 흘러들어 바다가 누렇게 보인다고 붙은 이름이에요.

서쪽의 높디 높은 산

↑ 중국의 티베트에서 바라본 히말라야산맥이에요. 세계에서 세 번째로 높은 칸첸중가산(8,586미터)이랍니다.

내륙의 황량한 사막

↑ 고비 사막 주변에 자리 잡은 도시인 둔황의 오아시스예요. 둔황은 사막으로 향하는 길인 실크로드의 길목에 있답니다.

몽골의 광활한 초원

↓ 말과 양이 가득한 몽골의 초원이에요. 몽골 사람들은 한때 초원에서 키운 말을 타고 세계를 정복하기도 했답니다.

4
북
서
동
남
몽골
중국

× 2장 ×

어떤 나라와 도시가 있을까?

동부 아시아에 몇 개의 나라가 있는 걸까요? 이 질문에 분명하게 답하기가 어려워요. 우선 대한민국, 중국, 몽골, 일본이 눈에 띄지요. 그런데 북한과 타이완은 국가인지 아닌지 조금 애매해요. 북한은 우리나라가 국가로 인정하지 않고, 타이완은 중국이 국가로 인정하지 않고 있거든요.

대륙과 바다를 접한 대한민국

삼면이 바다와 접해 있고 한 면이 육지와 연결된 땅을 '반도'라고 불러요. 세계적으로 이탈리아반도, 발칸반도 등이 해당되지요. 그런데 생각보다 설명이 귀에 익숙해요. 왜일까요? 바로 한반도의 지형적 특징이기 때문이에요. 동쪽, 서쪽, 남쪽 삼면이 태평양과 맞닿아 있고, 북쪽은 아시아 대륙 동쪽 끝에 붙어 있거든요. 이렇게 한반도는 '반도'라는 지형적 특징에 한(韓)민족에서 따온 '한'자를 붙여 부르는 이름이에요.

그런데 현재 한반도는 휴전선을 가운데 두고 남쪽과 북쪽으로 나뉘어 있어요. 그중 남쪽에 자리를 잡은 남한을 대한민국, 또는 한국이라고 부르지요.

대한민국의 인구는 약 5,200만 명이에요. 동부 아시아의 다른 나라들

나라 이름	대한민국
면적	약 10만km^2
인구수	약 5,200만 명 (2025년 기준)
수도	서울
국기	

에 비해 비교적 작은 땅인 데다, 석유는 물론 석탄, 천연가스 등 주요 자원은 턱없이 부족한 편이에요. 그래서 교육과 과학 기술 발전에 온 힘을 쏟았고, 그 결과 전 세계가 인정하는 선진국이 되었답니다.

선진국은 이미 많은데 뭐가 그렇게 대단한 일이냐고요? 1945년 제2차 세계 대전이 끝난 뒤, 많은 나라들이 독립해 오늘날의 세계 지도를 이루었답니다. 그중에서 대한민국처럼 전쟁과 가난을 딛고 민주주의와 경제 모두 크게 발전한 나라는 드물어요. 그래서 더욱 특별하지요.

게다가 대한민국은 그저 잘살게 되었다는 것만으로 세계 여러 나라의 극찬을 받은 건 아니에요. 대한민국의 힘은 문화에서 나온답니다. 21세기 들어 대한민국의 음악(K-pop), 영화, 드라마, 문학, 예술, 게임 등이 전 세계로 퍼져 나갔거든요. 이를 '한류'라고 부르는데, 문화 콘텐츠의 힘으로 대한민국은 세계적으로 주목받는 나라가 되었어요.

대한민국의 수도, 서울

대한민국의 수도인 서울은 한반도의 중서부에 자리 잡고 있어요. 서울은 한반도의 수도 역할을 한 지 육백 년이 넘은 상당히 오래된 도시

서울의 경복궁 서쪽 인왕산에서 남산 쪽을 바라본 전경이에요. 옛 도성의 흔적과 초고층 빌딩이 뒤섞여 있답니다.

서울을 동쪽에서 서쪽으로 가로지르는 한강의 모습이에요. 산과 강이 어우러진 모습을 살필 수 있어요.

예요. 예로부터 산과 구릉으로 둘러싸여 있어서 방어에 유리하고, 너른 들과 큰 강이 있어서 농사를 짓기에도 좋은 땅이지요.

1960년대 이후 경제가 발전하면서 서울의 인구가 폭발적으로 늘어났어요. 한때 천만여 명이 모여 사는 대도시였지만 지금은 약 930만 명으로 인구가 약간 줄었어요. 그래도 여전히 우리나라에서 가장 많은 사람이 사는 대도시랍니다. 오늘날 서울은 전 세계인이 찾는 세계적인 도시이면서, 문화의 중심지이자 한류의 발상지로 널리 알려져 있어요.

제2의 도시, 부산

부산은 한반도 남동쪽 끝에 있는 대한민국 남동부의 중심 도시예요. 태평양으로 뻗어나갈 수 있는 바다를 접한 항구 도시이기도 하지요. 그래서 세계에서 손꼽히는 큰 규모의 항구로도 잘 알려져 있어요.

산이 많은 부산은 산자락까지 시가지와 주택가가 발달한 독특한 풍광을 자랑한답니다. 또 아시아 최대 규모의 영화제인 '부산 국제 영화제'가 열리기도 해요.

부산의 대표적인 관광지인 해운대예요. 부산은 대표적인 항구 도시면서 바다를 접한 풍광으로 유명하지요.

대륙만큼 커다란 중국

우리가 흔히 중국이라 줄여 부르는 이웃 나라의 정식 명칭은 '중화 인민 공화국'이에요. 중국은 땅이 무척 넓고 다양한 지형과 문화가 섞여 있지요. 지리적으로 한반도 바로 옆에 붙어 있기 때문에 오래전부터 우리나라와 밀접한 관련을 맺어 왔어요.

중국은 그동안 '전 세계 인구 1위'라는 수식어가 붙어 있었는데, 2023년부터 인도에게 그 자리를 내주었답니다. 그래도 인구가 14억이라니, 정말 대단하지요? 중국의 인구 대부분은 동쪽의 바다와 강 주변에 살고 있어요.

중국은 인류의 역사를 바꾼 발명품인 화약과 종이를 발명한 나라예요. 또 우스개로 '달에서도 보인다'는 만리장성을 만든 나라이기도 하지

나라 이름	중국
면적	약 960만km^2
인구수	약 14억 1,600만 명 (2025년 기준)
수도	베이징
국기	

요. 그래서 중국인들은 자국 문화에 대한 자긍심이 매우 높답니다.

중국은 20세기 들어 공산주의(사회주의) 국가로 변했어요. 이때부터 중화 인민 공화국이란 이름을 쓰게 되었지요. 대륙이라고 불릴 만큼 거대한 땅덩이와 그만큼 많은 인구를 자랑하는 중국이지만, 그 시작은 가난했답니다.

그렇지만 1980년대 들어서면서 개방 정책을 펼쳤어요. 중국 정부는 눈부시게 경제가 발전하던 상하이처럼 도로와 전기 시설 등이 잘 갖추어져 있는 가능성이 큰 도시부터 집중적으로 지원했지요. 그 결과 오늘날 중국은 세계에서 경제 규모가 두 번째로 큰 나라가 되었답니다. 또 미국 다음으로 국방 예산을 많이 쓰는 군사 강국이기도 해요.

만리장성은 우주에서도 보인다며? 아니었어?

음, 그건 좀 과장된 이야기야. 실제로는 망원경으로 봐야 보인대.

중국의 수도이자 정치의 중심지, 베이징

베이징은 중국의 수도예요. 한자로 '북쪽의 수도'라는 뜻인데, 우리나라에서는 '북경'이라고도 부른답니다. 중국 북부에 위치한 세계적 도시인 베이징은 삼면이 산으로 둘러싸여 있어요. 과거에는 여기에 철옹성 같은 성으로도 둘러져 있었어요. 지난 팔백 년 동안 중국 정치의 중심지 역할을 해 왔으니 철통같을 수밖에요.

지금 베이징은 현대식 초고층 빌딩과 궁전, 성벽 등이 뒤섞인 도시로 변모했어요. 또 중국의 과학을 이끄는 중심지이기도 해요. 베이징의 중관촌 과학 기술 단지는 중국의 미래를 준비하는 곳이랍니다.

중국의 수도 베이징의 자금성이에요. 베이징의 면적은 서울에 비해 약 27배 크답니다. 인구도 2천만 명이 넘지요.

바다와 큰 강을 끼고 있는 상하이는 아름다운 풍경을 자랑해요. 지금은 최첨단 산업 도시로도 유명하답니다.

중국 경제를 책임지는 상하이

상하이는 창장강이 바다와 만나는 곳에 자리를 잡은 중국 경제의 중심 도시예요. 처음에는 작은 어촌 마을이었는데, 19세기에 영국과 벌인 전쟁(아편전쟁)에서 패한 후 강제로 개항되었어요.

그 후 영국과 프랑스 등 유럽인들이 들어와서 기업을 세우고 은행을 운영했지요. 덕분에 상하이에서는 지금까지도 중국과 유럽이 섞인 문화를 만나 볼 수 있어요. 이제 상하이는 무역과 금융을 이끄는 세계적인 도시가 되었답니다.

경제 대국이자 관광 대국, 일본

일본은 약 1억 2,300만 명이 사는 섬나라예요. 북쪽에서 남쪽으로 순서대로 홋카이도, 혼슈, 시코쿠, 규슈 네 개의 섬이 나라의 뼈대를 이루고 있지요.

일본은 아시아에서 가장 먼저 유럽과 미국 등 서구 문명을 받아들인 나라이기도 해요. 1980년대에 일본은 미국과 견줄 정도로 부유한 경제 대국이었지만, 1990년대 이후 경제가 어려워지면서 지금은 전 세계에 미치는 영향력이 다소 줄어들었어요.

일본은 자연재해가 빈번한 나라이기도 해요. 일 년 내내 언제 발생할지 모르는 지진, 농사를 망치는 태풍 등 자연재해를 조심하며 살아가지요. 또 화산이 많아 화산 폭발도 경계해야만 해요. 그렇지만 화산 덕분

나라 이름	일본
면적	약 37만km²
인구수	약 1억 2,300만 명 (2025년 기준)
수도	도쿄
국기	

에 따끈한 물이 샘솟는 온천을 곳곳에서 찾아볼 수 있어요. 일본의 온천은 관광지로도 유명해서 수많은 관광객을 불러 모은답니다.

일본을 상징하는 단어 중에서 빠질 수 없는 게 바로 문화예요. 음악, 영화, 요리, 특히 애니메이션과 만화, 게임은 지금도 전 세계 어린이들의 눈길을 사로잡고 있지요.

일본은 바다로 둘러싸인 섬나라네?

그렇지.

몽골은 바다로 나갈 수가 없고?

맞아.

그럼 서로 땅을 반반씩 나누면 안돼?

너한테 강아지 꼬리가 달리는 거 괜찮겠어?

그건 싫어!

일본의 수도, 도쿄

도쿄는 일본의 수도이자 일본 국왕(천왕)이 거주하는 곳이에요. 세계적인 대기업들이 치열하게 경쟁하는 곳이어서, 미국의 뉴욕, 영국의 런던 등과 함께 세계에서 가장 영향력이 큰 '세계 도시'로 여겨지지요.

도쿄는 원래 '에도'라는 어촌이었어요. 그런데 17세기에 정치의 중심지가 되면서 대도시로 성장했답니다. 과거 일본의 수도는 중부 지역의 도시인 교토였어요. 그런데 19세기 이후 수도를 에도로 옮기면서 동쪽의 수도라는 뜻인 도쿄로 이름을 바꾸었어요.

부유한 항구 도시, 오사카

바다를 끼고 있는 오사카는 오래전부터 항구 도시로 발전했어요. 과거 잠시 일본의 수도였던 적이 있을 정도로 부유한 도시이기도 해요. 19세기 이후 빠르게 산업화가 되면서 오사카에 많은 사람들이 모여들었고 곧 대도시로 성장했지요. 우리나라 교포가 가장 많이 사는 오사카는 일본에서 가장 다문화적인 국제도시로도 인정받고 있어요.

일본의 수도인 도쿄는 정치, 경제, 문화, 교통의 중심지예요. 크기는 서울 면적의 3배가 조금 넘는답니다. 일본 인구의 약 10퍼센트가 도쿄에 거주하지요.

오사카는 일본 제2의 도시라고도 불려요. 바다를 끼고 있어서 무역의 중심지 역할도 도맡고 있어요.

대초원의 나라, 몽골

몽골은 국토의 면적이 한반도보다 7배나 넓어요. 그렇지만 인구는 우리나라 부산 인구 정도인 약 350만 명에 불과하지요. 국토 대부분이 비가 적게 내리는 건조한 땅이라서 농사를 짓기가 쉽지 않아요. 그래서 예로부터 많은 사람들이 모여 살기 어려웠지요.

그렇지만 몽골인들은 자기 나라에 대해 자긍심이 무척 커요. 13세기 무렵, 몽골인들의 조상이 아시아와 유럽 양 대륙에 걸쳐 거대한 몽골 제국을 세웠거든요.

본래 몽골인들은 초원에서 물과 풀을 따라 옮겨 다니며 말이나 낙타, 양을 치는 유목민이었어요. 하지만 지금은 전체 인구의 약 30퍼센트만이 목축에 관련된 일을 하고 나머지는 도시에서 생활하지요. 큰 도시가 많지 않아서 수도인 울란바토르에 몽골 인구의 절반 정도(약 170만 명)가 모여 살고 있답니다.

몽골은 지하자원이 풍부한 나라예요. 그래서 여러 나라들이 몽골의 지하자원 개발에 함께 참여하려고 노력하지요. 또 최근에는 교육에 많은 투자를 아끼지 않고 있어요. 곧 풍부한 자원을 바탕으로 발전하는 나라가 될 거예요.

그럼 내몽골은 몽골 땅이야, 중국 땅이야?

중국에 사는 몽골족의 자치구를 '네이멍구(내몽골) 자치구'라고 불러. 그러니 정확하게 말하자면 중국 땅이야.

몽골이란 이름이 붙어 있어서 몽골 땅인 줄 알았네.

몽골 인구의 절반이 사는 곳, 울란바토르

울란바토르란 '붉은 영웅'이란 뜻이에요. 몽골의 수도이자 몽골 인구의 절반이 모여 사는 도시이기도 하지요. 또 해발 고도 약 1,300미터 지점에 자리를 잡고 있어요. 그래서 세계에서 가장 추운 수도로도 유명하

나라 이름	몽골
면적	약 156만km^2
인구수	약 350만 명 (2025년 기준)
수도	울란바토르
국기	

울란바토르 인근에 세워진 칭기즈 칸의 동상이에요. 칭기즈 칸은 몽골족을 이끌고 동서양에 걸친 대제국을 건설한 인물이랍니다. 동상 주변의 광활한 초원이 인상적이에요.

몽골의 수도 울란바토르 중심부에는 초원 대신 집과 아파트가 빽빽하게 몰려 있어요.

답니다.

울란바토르는 17세기 들어 티베트 불교가 번성한 도시로 성장했고, 지금은 시베리아 횡단 철도와 중국 철도가 지나는 교통의 중심지가 되었어요. 오늘날 현대식 건물이 들어서며 거리 모습이 바뀌고 있지만 아직 전통 가옥인 게르가 뒤섞인 곳도 있답니다.

국가일까 아닐까?
북한과 타이완

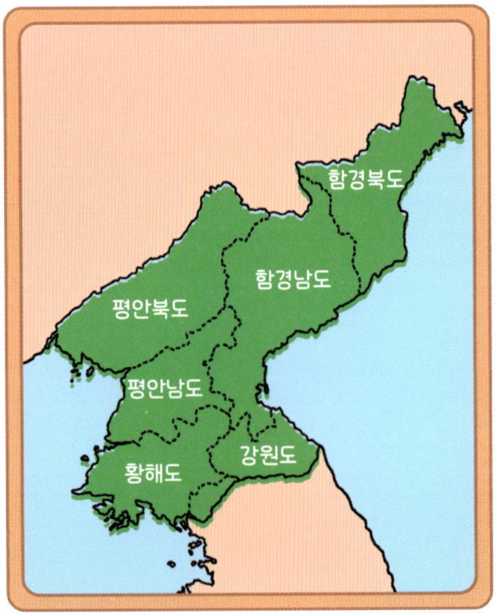

대한민국에서 인정하는 북한의 행정 구역을 나타낸 지도예요. 실제 북한이 사용중인 행정 구역과는 다소 다르답니다.

북한과 타이완은 국가인지 아닌지 조금 애매할 수 있어요. 북한은 대한민국이 국가로 인정하지 않고, 타이완은 중국이 국가로 인정하지 않고 있거든요.

북한과 북한의 수도, 평양

북한의 정식 이름은 '조선 민주주의

나라 이름	조선 민주주의 인민 공화국
면적	약 12만km^2
인구수	약 2,650만 명 (2025년 기준)
수도	평양
국기	

북한의 수도 평양의 모습이에요. 도시를 가로지르는 대동강과 정면의 김일성 광장도 찾아볼 수 있어요. 북한은 다른 나라와 교류가 거의 없어서, 알려진 게 생각보다 많지 않아요.

평양성의 동쪽 입구였던 대동문이에요. 일제 강점기와 한국 전쟁을 거치면서 많이 훼손되었답니다.

인민 공화국'이에요. 한반도가 남한과 북한 둘로 나뉘면서 북쪽을 차지한 후, 사회주의를 채택하면서 붙인 이름이랍니다.

북한의 최대 도시는 수도인 평양이에요. '혁명의 수도'라고도 불리는 정치, 경제의 중심지이지요. 그렇지만 현재 평양에는 아무나 들어가 살 수 없어요. 북한 공산당으로부터 인정받은 사람들만 평양에서 살 수 있거든요.

1950년 한국 전쟁이 벌어진 이후, 남한과 북한은 공식적으로 전쟁이 잠깐 멈춘 '휴전' 상태예요. 그래서 남북한 사람들은 서로 자유롭게 방문하거나 왕래할 수 없지요. 이런 이유로 남한, 즉 대한민국은 대륙으로 통하는 육로가 막힌 거나 다름없기에 해외에 나갈 땐 배나 비행기를 이용해야 한답니다.

타이완과 타이베이

1949년, 중국 대륙을 공산당에게 빼앗긴 장제스 정부가 중국 남부의 섬으로 이주했어요. 그렇게 세운 나라가 타이완이에요. 중국은 타이완을 아직 국가로 인정하지 않고 있답니다.

나라 이름	타이완
면적	약 3만 6천km^2
인구수	약 2,300만 명 (2025년 기준)
수도	타이베이
국기	

타이완은 우리나라 경상남북도와 전라북도를 합친 정도의 크기예요. 수도인 타이베이의 랜드마크인 101타워가 우뚝 서 있어요.

타이완의 수도는 섬 북부에 있는 타이베이에요. 약 250만 명이 살고 있지요. 타이베이는 서쪽이 평탄하고 나머지는 산으로 둘러싸인, 말발굽처럼 생긴 도시예요. 타이완은 중국과 달리 오랫동안 서구 자본주의의 영향을 받았어요. 그래서 서양 문물과 중국 문화가 뒤섞인 독특한 모습을 보이기도 한답니다.

지리야, 놀자!

여기만큼은 꼭 구경해야 해!

경복궁 경회루 (대한민국)

➔ 경복궁은 대한민국의 수도 서울에 있는 조선 시대 궁궐이에요. 궁궐 안 경회루는 사신이 오면 연회를 베풀던 곳이었답니다. 임진왜란으로 불탔다가 19세기에 복원되었어요.

고창 고인돌 (대한민국)

➔ 대한민국 남서쪽, 전북특별자치도 고창군에 모여 있는 옛 무덤인 '고인돌'이에요. 세계 고인돌 유적의 절반 이상이 고창을 비롯한 우리나라 서해안에 밀집해 있답니다.

개선문 (북한)

▲ 북한의 평양에 있는 기념물이에요. 북한의 지도자였던 김일성의 70번째 생일에 맞춰 지어졌어요. 프랑스 파리의 개선문을 본떴는데, 그보다 크게 지었답니다.

백두산 천지 (북한)

▼ 북한의 백두산 정상에 있는 호수예요. 화산 폭발로 생겨났는데, 둘레가 약 14킬로미터나 되지요. 백두산은 남북한 모두 신성하게 여기는 산이랍니다.

만리장성 (중국)

➜ 중국의 고대 국가인 진나라 시기, 기존의 성곽을 잇고 부족한 부분은 새로 지어서 만든 거대한 성곽이에요. 만리장성은 유목 민족의 침입을 막기 위해 지었답니다.

장자제 (중국)

➜ 중국 후난성의 국립 공원으로 유네스코 세계 자연유산이에요. 삐죽한 봉우리들이 아름다운 풍광을 선사하는데, 대부분 모래가 굳어 만들어졌답니다.

히메지성 일본

⬆ 효고현에 있는 일본을 대표하는 건축물이에요. 성벽이 불에 타지 않도록 백색의 회벽을 바른 아름다운 성이지요. 여러 번 불타거나 무너질 위기가 있었는데도 불구하고 현재 모습을 유지했다고 해요. 히메지성 전체가 유네스코 세계 문화유산에 지정되어 있어요.

후지산 일본

⬇ 일본 혼슈 한복판에 있는 화산이에요. 언제 다시 화산 활동을 할지 모르는 활화산이랍니다. 후지산은 일본 문학과 예술에도 큰 영감을 주었어요.

수흐바타르 광장 (몽골)

➔ 몽골의 수도인 울란바토르 중심부에 자리 잡은 수흐바타르 광장과 정부 청사 건물이에요. 울란바토르의 대표적인 랜드마크랍니다.

차강 소브라가 (몽골)

➔ 몽골의 남쪽, 고비 사막에 있는 평균 높이 약 40미터에 달하는 협곡이에요. 몽골어로 '하얀 불탑'이라는 뜻이랍니다. 과거 바다였던 곳이 육지가 된 후, 비와 눈에 깎이면서 만들어졌다고 해요.

지우펀 (타이완)

타이완의 수도 타이베이 옆의 작은 마을이에요. 홍등으로 빛나는 예쁜 거리 풍경 덕분에 드라마와 영화 촬영지로 유명해졌답니다.

예류 지질 공원 (타이완)

타이베이 북쪽 해안에 만들어진 지질 공원이에요. 바닷바람 등에 의해 바위의 밑동이 깎여 만들어진 기암괴석을 찾아볼 수 있어요.

4
북
서
동
남
몽골
중국

3장

벼농사에서 첨단 산업까지

동부 아시아는 경제적으로 유럽을 능가할 정도로 성장했어요.
대한민국과 일본은 기술 선진국이 되었고,
중국은 세계 최대 제조업 국가로 발전했지요.
특히 중국은 이제 미국에 이어 두 번째로 큰 경제 대국이랍니다.

넓은 땅만큼 다양한 지하자원

풍부한 만큼 많이 쓰는 광물 자원

동부 아시아에 광물 자원이 풍부한 이유는 중국과 몽골 때문이에요. 특히 중국의 지하자원은 세계적으로도 무척 많은 편에 속해요. 세상에 알려진 거의 모든 광물 자원이 중국 땅에 묻혀 있다고도 하지요.

중국은 전 세계 석탄 생산량의 약 50퍼센트를 차지할 정도로 석탄을 많이 생산해요. 그렇지만 그만큼 또 많이 쓰지요. 석유와 천연가스도 풍부해요. 중국과 한반도 사이에 낀 황해 위쪽의 보하이만(발해만), 또 중국 서북부의 신장 웨이우얼 자치구 등에서 주로 생산된답니다. 하지만 중국은 석유 소비량이 어마어마해서 아프리카와 서남아시아에서 석유

를 수입하고, 또 해외 유전도 개발하고 있어요.

이 외에도 중국은 철, 구리, 텅스텐, 알루미늄 등 주요 광물의 매장량 역시 세계 1, 2위를 다툰답니다.

몽골도 광물 자원이 풍부하기로 세계에서 열 손가락 안에 들어요. 몽골에서 수출하는 물품의 80퍼센트 이상이 금, 구리, 석탄, 텅스텐, 몰리

브텐 등의 광물이 차지하고 있지요. 그러다 보니 대한민국을 비롯해 중국, 러시아, 캐나다 등 외국의 수많은 기업들이 몽골의 자원 개발에 적극적으로 참여하고 있어요.

그뿐만 아니라 2022년에 몽골은 중국과 직통 철도를 개통했어요. 석탄을 수출하려는 몽골과 이를 수입하려는 중국의 이해관계가 맞아떨어진 거예요. 이로써 몽골은 중국 최대의 석탄 공급 국가가 될 준비를 갖추었답니다.

희귀 자원이 무기라고?

철광석처럼 전 세계에 골고루 퍼져 있는 지하자원도 있지만, 석유처럼 특정 지역에만 집중적으로 묻혀 있는 자원도 있어요. 그런데 석유보다 더 희귀한 자원도 있답니다. 대표적인 것이 바로 '희토류'예요.

희토류는 한 가지 광물이 아니라 열 종 남짓한 희귀 금속을 합쳐서 부르는 말이에요. 희토류가 왜 중요하냐고요? 스마트폰, 전기 자동차, 의료기기, 군사 무기, 엘리베이터, 카메라, 스피커, 마이크, 에어컨, 냉장고……, 이렇게 나열하기도 숨찰 정도로 다양한 최신 물품을 만드는 데

꼭 필요하거든요.

중국은 세계에서 생산되는 희토류의 절반 이상을 책임지고 있고, 매장량도 전 세계의 약 37퍼센트나 차지하고 있어요. 그러다 보니 세계 여러 나라가 중국에 크게 의존할 수밖에 없지요. 대한민국과 일본도 상당히 많은 양을 중국에서 수입한답니다.

최근 중국과 미국 사이에 경쟁이 심해지면서 희토류와 같은 희귀 자원을 무기화하려는 움직임이 보여요. 즉, 싸게 팔지 않으면서 심지어 아무한테나 팔지도 않겠다는 거예요.

2023년에는 반도체 핵심 원료이자 배터리를 만들 때 필요한 광물인 '흑연'의 수출을 중국 정부에서 통제하겠다고 발표했어요. 우리나라는 배터리를 만들 때 사용하는 흑연의 약 90퍼센트를 중국에서 수입하고 있답니다. 그러니 지하자원을 둘러싼 갈등은 가볍게 여길 문제가 아닌 셈이지요.

돈 주고 사겠다는데, 뭐가 문제야?

아무리 비싼 돈을 준다 해도, 팔지 않으면 살 수가 없는 상황이 올 수도 있어서 그러는 거야.

우리도 정말 귀한 걸 주겠다고 하면 되지!

그게 뭔데?

호랑이풀!

벼농사가 밀고 첨단 산업이 끌고

벼농사가 발달한 동부 아시아

동부 아시아에 사는 사람들은 쌀을 즐겨 먹어요. 그런데 이거 아시나요? 쌀은 재배 조건이 까다로운 작물이랍니다. 비가 많이 내리고 뜨거운 햇볕이 내리쬐는 여름이 있어야만 잘 자라거든요.

마침 동부 아시아에는 쌀을 재배하기 딱 좋은 날씨를 자랑하는 곳이 많아요. 우리나라와 일본은 비가 많이 오고 여름이 덥기 때문에 벼농사를 짓기에 좋지요. 중국은 창장강 남쪽을 중심으로 벼농사가 발달했어요. 특히 연중 기온이 높은 남부 지방에서는 일 년에 벼농사를 두 번 지을 수 있는 이기작이 가능하답니다.

동부 아시아에서 벼농사가 가능한 곳은 대체로 일 년 평균 강수량이 800밀리미터에서 1,000밀리미터 이상인 곳이에요. 이보다 비가 적게 내리는 곳에서는 밀이나 옥수수 같은 밭농사가 발달했고, 비가 아주 적게 내리는 초원에서는 유목이 발달했지요.

우리나라와 일본은 농촌의 노동력이 많이 부족해서 거의 100퍼센트

가까이 기계를 사용해 벼농사를 지어요. 도시화로 인해 농촌 인구가 점점 줄어들고 있는 중국도 벼농사의 약 70퍼센트 정도를 기계가 대신하고 있어요.

몽골은 전체 인구의 30퍼센트가 농업에 종사하지만, 건조하고 추운 날이 많아서 벼농사를 짓기는 쉽지 않아요. 그래서 가축을 기르는 유목을 하거나 감자나 밀 농사를 짓지요.

벼농사가 생각보다 어려운 거였네?

그럼! 대신 다른 작물보다 훨씬 많은 사람을 먹여 살릴 수 있어. 예로부터 동부 아시아의 인구가 많은 게 벼농사 덕분이라는 이야기도 나올 정도야.

그래서 쥐가 그렇게 많은 거구나. 고양이들 고생이겠네.

치열하게 경쟁하는 자동차 산업

동부 아시아를 대표하는 나라인 대한민국, 중국, 일본은 배를 만드는 조선업, 철을 생산하는 철강업, 컴퓨터 부품을 만드는 반도체 산업 등에서 세계 1, 2위를 두고 치열하게 경쟁하고 있어요.

이런 치열한 경쟁은 자동차 산업에서도 이어지고 있답니다. 대부분 '자동차' 하면 미국과 유럽을 먼저 떠올리지만, 사실 동부 아시아야말로 세계 최대의 자동차 생산지예요.

일본은 일찍부터 자동차 공업이 발달했어요. 그래서 도요타, 혼다 등 여러 자동차 회사가 전 세계에 일본산 자동차를 수출하지요. 해외에 나

가 보면 일본 자동차가 상당히 많다는 사실을 톡톡히 느끼게 된답니다. 특히 도요타 자동차가 압도적으로 많아요.

2021년만 해도 일본은 세계 최대의 자동차 수출국이었어요. 그런 일본을 추월한 나라가 바로 중국이랍니다. 중국에는 세계적인 자동차 회사의 공장들이 즐비해요. 스웨덴의 볼보와 같은 유명한 자동차 회사를 사들여 기술력도 확보했지요. 이처럼 중국은 저렴한 노동력과 풍부한 자원을 바탕으로 세계적인 자동차 수출국으로 성장했어요. 일본이나 중국보다 수출량은 적지만, 대한민국도 열 손가락 안에 드는 세계적인 자동차 수출국 중 하나예요.

21세기는 환경을 생각하는 자동차 시대가 열릴 거라는 예측이 많아요. 지구 온난화로 인해 매연을 내뿜는 자동차는 쫓겨날 처지가 된 거예요. 그래서 자동차 제조 기술을 가진 나라들이 앞다투어 연구했고, 그렇게 탄생한 자동차 중 하나가 전기 자동차예요.

그런데 이게 웬걸? 전기 자동차도 시작부터 동부 아시아가 세계 시장을 장악하고 있어요. 전기차의 핵심인 배터리 개발을 놓고 대한민국과 중국이 치열하게 경쟁 중이거든요.

이렇게 동부 아시아에 내로라하는 자동차 수출국들이 한데 모여 있으니, 앞으로 선의의 경쟁을 기대해 볼까요?

첨단 산업의 중심으로 발돋움하다

앞서 이야기했듯, 동부 아시아는 지리적으로 아시아 대륙과 태평양이 만나는 곳이에요. 바닷길과 육로를 아우를 수 있으니 필요한 자원을 다른 곳에서 수입하기도, 또 만든 물건을 수출하기도 편리하지요.

그래서 대한민국, 중국, 일본, 타이완 등 동부 아시아의 여러 나라들은 다양한 물건을 만들어 전 세계에 수출한답니다. 반도체, 휴대폰, 게임기 등 대부분 첨단 산업과 관련이 있는 제품들이지요.

선두 주자였던 미국과 유럽을 제치고 동부 아시아가 첨단 산업의 중심으로 떠오른 거예요. 가장 먼저 일본이 첨단 산업에 뛰어들었어요. 곧이어 우리나라와 타이완이 두각을 나타냈고, 중국이 뒤를 이었어요. 그 결과, 전 세계에 공급하는 반도체의 70퍼센트 이상이 동부 아시아에서 생산되고 있답니다.

중국은 우주 산업에도 열을 올리고 있어요. 그간 경쟁자가 없던 미국이 위협을 느낄 정도예요. 2027년까지 달에 무인 연구소를 건설하겠다고 선언했을 뿐 아니라, 미국과 영국이 주도하던 우주 관광 산업에도 뛰어들 채비를 갖추었답니다. 대한민국 역시 누리호 발사를 성공적으로 마치며 우주 산업 발전에 박차를 가하고 있어요.

대한민국에서 만든 우주 발사체인 누리호는 2023년에 이어 2025년에도 발사에 성공했어요. 이처럼 우리나라도 우주 산업에 끊임없이 도전하고 있답니다. 사진은 2023년에 발사한 누리호의 모습이에요. ©한국항공우주연구원

중국 네이멍구 자치구의 주취안 위성 발사 센터예요. 로켓이 조립을 마치고 나오는 장면이에요. ©위키미디어

지리야, 놀자!

동부 아시아의 대표적인 무역품

동부 아시아는 달의 모양 변화를 기준으로 만든 달력인 음력을 쓰고, 벼농사가 발달했다는 점에서 같은 문화권으로 묶이기도 해요.

또 국경을 맞대고 있는 만큼 경제적으로도 매우 밀접해서 오래전부터 서로 물건을 사고 팔았답니다. 그럼 오늘날 각 나라를 대표하는 수출품을 한번 살펴볼까요?

북
서
4
동
남
몽골
중국

× 4장 ×

같은 듯 다른 동부 아시아의 문화

동부 아시아의 인구는 17억 명에 달해요. 아시아 인구의 30퍼센트 이상, 세계 인구로는 약 20퍼센트를 차지한답니다. 인종은 대부분 황인종에 속해요. 다민족 국가인 중국을 제외하면, 대체로 민족 갈등이 드러나진 않아요. 또 다른 지역에 비해 종교적으로도 큰 갈등이 없는 편이지요.

서로 다른 문화를 마음껏 뽐내다

자신만의 문화를 품은 의복

동부 아시아에는 커다란 땅덩이만큼 많은 사람이 살아요. 수백 년 전만 해도 크고 작은 나라들이 많았어요. 그러다 보니 각각 다른 옷을 입고, 다른 음식을 먹고, 다른 말을 쓰며 살았지요. 그중에서도 옷은 각 나라의 기후와 생활양식에 맞게 발달했어요.

예를 들어 우리나라의 전통 의상인 '한복'은 활동에 편리하도록 옷이 몸에 딱 붙지 않아요. 그리고 주머니가 없고, 옷을 입을 때 곡선이 아름답게 살아나지요. 한복은 아주 오래전부터 입어 왔기에 지역별로 조금씩 모양에 차이가 나요. 하지만 치마와 저고리, 바지로 이루어지는 옷의

왼쪽은 한복을 입은 무용수가 탈춤 공연을 하는 모습이에요. 한복은 명절이나 기념일에도 입는답니다. 오른쪽은 무용수가 중국 전통 의상인 치파오를 입고 춤을 추는 모습이에요. 오늘날에는 치파오가 여성의 옷만 가리키는 경우가 많아졌어요.

구성은 옛 모습을 그대로 간직하고 있답니다.

중국의 대표적인 전통 의상으로는 '치파오'를 들 수 있어요. 아름답고 화려한 색상을 자랑하지요. 청나라를 세운 만주족의 옷인 '창파오'에서 따온 이름이라고 해요.

만주 지역은 무척 추워요. 그래서 만주족은 옷이 발목을 가릴 정도로 길게 만들었어요. 또 어려서부터 말을 타고 다녀야 해서, 말타기 편하게 옆트임이 있지요. 원래는 남녀 모두 바지와 함께 입었는데, 지금은 따뜻한 지역으로 퍼지면서 치파오만 입기도 해요.

일본의 전통 의상은 '기모노'예요. 일본어로 '입는 것'이라는 뜻이에요. 기모노는 몸을 둘러싸듯 입는 옷으로, 왼쪽 옷깃이 오른쪽 위로 오도록 여미는 것이 전통적인 방식이에요. 기모노를 입을 땐 전통 신발인 '조리'를 함께 신지요. 요즘은 명절이나 결혼식, 졸업식 등 특별한 날에 입는 경우가 많아요.

왼쪽은 일본 전통 의상인 기모노를 입고 조리를 신은 여성의 모습이에요. 일본의 역사 도시인 교토에서는 지금도 전통 복장을 입은 사람을 종종 찾아볼 수 있어요. 오른쪽은 몽골 전통 복장인 델을 입은 어린이의 모습이에요. 긴 소매는 겨울철 추위를 막는 데 유용하답니다.

치파오와 기모노는 그래도 우리에게 제법 잘 알려져 있어요. 그럼 몽골의 전통 의상은 어떤 게 있을까요? 몽골의 전통 의상은 '델'이에요. 델은 길고 두꺼운 외투 같은 옷이에요. 몽골은 추운 날이 많기 때문에 추위에 견딜 수 있도록 소매를 넉넉한 길이로 만들었어요. 또 말을 탈 때 편하도록 꽉 묶을 수 있는 허리띠가 특징이지요.

델은 남녀노소 누구나 입을 수 있어요. 델의 색깔이나 장식으로 어른인지 아이인지, 사는 지역이 어디인지도 알 수 있다고 해요. 지금도 몽골 사람들은 축제나 특별한 날에 델을 입는답니다.

지리적 특색을 담은 전통 음식

나라마다 옷만 다른 게 아니에요. 동부 아시아의 여러 나라들은 따닥따닥 붙어 있지만 음식도 서로 달라요. 지리와 지형, 그리고 기후에 따라 음식 재료와 조리법이 조금씩 달라지니까요. 바다로 둘러싸인 일본과 바다를 접하지 않은 몽골은 음식이 다를 수밖에 없겠지요.

물론 비슷한 점도 있어요. 동부 아시아는 대부분 밥을 먹을 때 젓가락을 쓰거든요. 오랜 시간 서로 문화적으로 교류를 해 왔기에 비슷한 점도 있는 거예요.

우리나라 사람이 아니더라도, 대한민국 전통 음식이라고 하면 대부분 '김치'를 떠올려요. 한식에서 빠지지 않는 음식이지요.

김치

김치는 소금에 절인 배추나 무를 고춧가루, 마늘 등으로 양념해서 만들어요. 남한에서는 주로 고춧가루를 넣어 빨갛게 만들지만, 북한에서는 하얗게 담그는 백김치를 즐긴다고 해요.

보통 늦가을에서 초겨울에 겨우내 먹을 수 있도록 김치를 담그는 걸 '김장'이라고 불러요. 김장 김치는 미리 땅에 묻어 둔 항아리에 담아 보관했는데, 요즘은 김치냉장고를 많이 사용한답니다.

그럼 중국을 대표하는 음식에는 어떤 게 있을까요? 중국은 땅이 넓고 많은 민족이 모여 살고 있어요. 그러다 보니 음식 재료와 조리법이 무척 다양해요. 어느 하나를 콕 짚어서 '대표 음식'이라고 말하기 어려울 정도예요.

최근에는 중국 남서부 쓰촨성 지방에서 전해진 '마라탕'이 국내에서 유행하고 있어요. 뱃사공들이 재료를 구해 만들어 먹던 데서 시작되었는데, 쓰촨성 지역이 워낙 덥고 습하다 보니 음식이 쉽게 상했대요. 그래서 음식을 무척 맵고 짜게 만들었다고 해요.

마라탕

마라탕을 먹다 보면 혀가 얼얼

해지는 게 느껴질 정도예요. 이는 매운 향신료를 넣었기 때문이랍니다.

초밥

일본은 섬나라예요. 바다로 둘러싸여 있지요. 이런 지리적인 특성 때문에 해산물 요리가 발달했어요.

그래서 일본의 대표적인 음식을 이야기할 때면, 해산물을 재료로 만드는 '초밥'이 빠지지 않아요. 초밥은 각종 생선이나 어패류 등을 잘 손질해 숙성시킨 뒤, 양념을 한 쌀밥 위에 얹어서 먹는 음식이랍니다. 해산물이 풍부하고 벼농사를 짓는 일본의 지리적, 문화적 특성이 고루 담겨 있는 전통 음식인 셈이에요.

몽골은 바다를 끼고 있지 않아서 해산물을 구하기가 좀처럼 쉽지 않아요. 또 비가 적게 내려서 물이 많이 필요한 벼농사를 짓기도 어렵지요. 그래서 대한민국, 중국, 일본과 달리 초원에서 기르는 가축을 음식 재료로 사용한 요리가 발달했어요.

몽골의 전통 요리인 호르호그는 큼직하게 썬 양고기를 달군 돌과 함께 가죽 부대에 넣어 익힌 요리예요. 뜨겁게 달군 돌이 고기를 고르게 익혀 주고, 이 과정에서 특별한 맛이 난답니다. 양 떼를 몰고 풀을 찾아 계속 이동해야 하는 몽골 사람들은 무거운 솥을 가지고 다니기 힘들었어요. 그래서 가벼운 가죽 부대로 요리를 한 거지요.

호르호그와 수테차

몽골 사람들은 손님이 오면 수테차를 대접해요. 수테차 역시 우유와 물, 찻잎, 소금을 넣어 만드는 유목민의 전통 음식이랍니다.

동부 아시아가 모두 같은 건 아니야!

다양한 민족만큼 다양한 갈등이

중국은 인구의 90퍼센트 이상이 한족이에요. 그리고 나머지 10퍼센트를 차지하는 55개의 '소수민족'이 함께 어울려 살지요. 중국의 소수민족은 수가 적지 않지만, 한족에 비하면 무척 적은 편이에요.

소수민족이 무슨 뜻이냐고요? '한 나라 안에서 인구 비율이 상대적으로 적은 민족'을 소수민족이라고 부른답니다. 중국에 사는 티베트족은 500만 명을 훌쩍 넘지만 소수민족이지요. 소수민족은 서로 다른 언어나 전통을 가진 경우도 많아요.

땅덩이로 보나 인구수로 보나 무척 거대한 중국은 다른 문화를 가진

여러 민족들이 모여 살아온 오랜 역사를 지니고 있어요. 하지만 다양한 민족이 함께 살면 종종 갈등이 발생하기도 해요. 지금도 몇몇 소수민족은 중국으로부터 독립하고자 노력하고 있답니다.

이처럼 중국이라는 한 나라 안에 다양한 민족이 어울려 살다 보니 그만큼 다채로운 문화가 뒤섞여 있어요. 그래서 지역별로 전통 음식과 옷, 집 모양이 조금씩 다르지요.

반면에 동부 아시아의 다른 나라, 그러니까 대한민국과 일본, 몽골 등은 중국처럼 다양한 소수민족이 함께 살아오지는 않았어요. 하지만 오늘날에는 다른 나라에서 온 사람들과 함께 살아가지요. 문화가 서로 다른 사람들과 어울려 사는 '다문화 사회'가 점점 늘어나고 있는 거예요. 큰 민족 갈등은 드물지만, 서로의 문화를 존중하는 태도가 더 중요해지고 있는 셈이에요.

참, 몽골은 동부 아시아의 다른 나라들과 다른 특별한 점이 있어요. 동부 아시아에서 가장 젊은 나라랍니다! 노년층이 전체 인구에서 차지하는 비중이 상당히 낮거든요.

같은 문화권으로 묶이는 동부 아시아

동부 아시아는 문화적으로 공통점도 많아요. 우선 '한자'라는 문자를 사용하거나 이를 바탕으로 삼고 있어요. 또 대부분 벼농사를 짓고 밥 먹을 때 젓가락을 사용하지요. 게다가 유교나 도교가 시작되어 퍼져나갔고, 인도에서 전파된 불교도 함께 공유했어요. 이처럼 긴 시간 함께 누려 온 문화적 배경이 비슷해서 같은 문화권으로 묶인답니다.

그런데 유독 동부 아시아를 대표하는 종교는 뚜렷하지 않아요. 아메리카와 유럽은 크리스트교, 서남아시아와 북아프리카는 이슬람교, 동남아시아는 불교와 이슬람교 등 지역별로 대표 종교가 분명하게 드러나는 타 대륙과 다른 점이지요.

동부 아시아에는 유교, 도교, 불교 그리고 뒤늦게 들어온 크리스트교와 이슬람교 등이 한껏 뒤섞여 있답니다. 그래서일까요? 종교적인 갈등이 다른 대륙에 비해 적은 편이에요.

동부 아시아 사람들에게 어떤 종교를 믿느냐고 물어본다면, 아마 '무교'라고 답하는 사람이 가장 많을 거예요. 무교는 뚜렷하게 믿는 종교가 없다는 뜻이랍니다.

지리야, 놀자!

자연환경을 담아낸 전통 가옥

사람이 살아가는 집은 기후와 자연환경에 큰 영향을 받아요. 그래서 각 지역만의 재료와 방식으로 짓는 경우가 많답니다.

한옥 (대한민국)

대한민국을 대표하는 전통 가옥이에요. 한옥은 집 안에 설치한 '온돌'이 특징이랍니다. 온돌은 겨울의 혹독한 추위를 막아 주는 역할을 해요. 그래서 기와집이든 초가집이든, 전부 온돌이 설치되어 있었지요. 한옥에는 주변 환경과 조화를 이루며 살아온 우리 조상들의 지혜가 담겨 있어요. 사진은 경주 양동 마을의 기와집이에요.

토루 (중국)

중국 남부 지방 푸젠성과 광둥성 등에서 볼 수 있는 집이에요. 중국 5대 전통 가옥 중 하나로 손꼽히지요. 외적의 침입을 막기 위해 벽을 성벽 모양으로 둥글게 쌓은 다세대 주택이에요. 유네스코 세계 문화유산으로도 지정되었답니다.

나가야 (일본)

➔ 서민들이 주로 살던 일본의 전통적인 다세대 주택이에요. 다세대 주택이라서 개인 목욕탕을 지을 수 없기에 공중목욕탕이 발달했지요. 또 방음이 안 되는 구조여서, 다른 사람에게 폐를 끼치지 않으려고 조용히 지내는 문화가 생겨났답니다. 사진은 1932년에 지어진 시코쿠 지방의 나가야예요. 일본 문화재로 지정되어 있답니다.

게르 (몽골)

➔ 몽골의 대표적인 이동식 집이에요. 몽골 유목민들은 계절에 따라 이동하며 살았어요. 그래서 집을 언제든지 쉽게 조립하고 분해할 수 있고, 또 운반이 편하도록 만들었답니다. 초원 지역은 겨울에 무척 춥기 때문에 게르 안에는 화로를 놓았어요. 그래서 화로에서 뻗어 나온 연통이 게르의 천장을 통과해 밖으로 튀어 나와 있지요.

©위키미디어

북
서
4
동
남
몽골
중국

5장

협력으로 나아가는 길

동부 아시아는 정치, 경제, 문화적으로 복잡하게 얽혀 있어요.
중국은 미국과 보이지 않는 경제 전쟁을 치열하게 벌이는 동시에,
미국의 지원을 받는 타이완 문제로 줄다리기를 하고 있지요.
남한과 북한은 아직 통일을 이루지 못했어요.
또 이웃 나라들을 침략했던 일본은 아직도 사과하지 않고 있답니다.

끼리떡으로 복잡하게 얽힌 나라들

종교 문제도 복잡하지 않고 민족끼리 크게 다투지도 않으니, 동부 아시아는 평화롭겠네.

앞서 소개했던 북한과 타이완을 떠올려 봐.

대한민국과 중국이 국가로 인정하지 않는다는 거?

맞아, 그건 서로 사이가 좋다고 보긴 어렵단 뜻이야.

나랑 사자 사이 같은 거네?

크기로는 강아지겠지.

티베트의 독립을 경계하는 중국

중국의 소수민족 중 위구르족이나 티베트족은 자신들만의 나라를 세우길 원해요. 모든 민족을 통합해 '하나의 중국'을 만들기 원하는 중국 정부와는 전혀 다른 입장이지요.

그러다 보니 티베트의 독립을 이끄는 지도자이자, 티베트 불교의 정신적 스승인 '달라이 라마'는 중국에서 탈출할 수밖에 없었어요. 달라이 라마는 인도에 티베트 망명 정부를 세운 후, 여태 티베트의 독립을 위해 노력하고 있지요. 2009년 이후 지금까지 독립을 외치다 숨진 독립운동가만 130명이 넘는데, 70퍼센트가 티베트 불교의 승려들이었어요.

그래서 중국은 달라이 라마의 영향력을 막기 위해 강압적인 방법까지 동원하고 있답니다. 중국에서 달라이 라마가 쓴 책이나 목소리가 담긴 파일을 갖고 있으면 체포될 수도 있어요. 그뿐만 아니라 티베트 지역의 인터넷을 통제하고, 달라이 라마의 대외 활동도 철저히 막으려 해요.

예를 들어 볼까요? 몽골 국민 대부분은 티베트 불교를 믿어요. 그래서 많은 사람들이 달라이 라마를 무척 만나고 싶어 하지요. 하지만 몽골 정부는 공식적으로 달라이 라마를 초대하지 않아요. 중국과의 경제적인 관계를 고려해서 조심스럽게 외교를 하는 것이지요. 이처럼 나라 사이

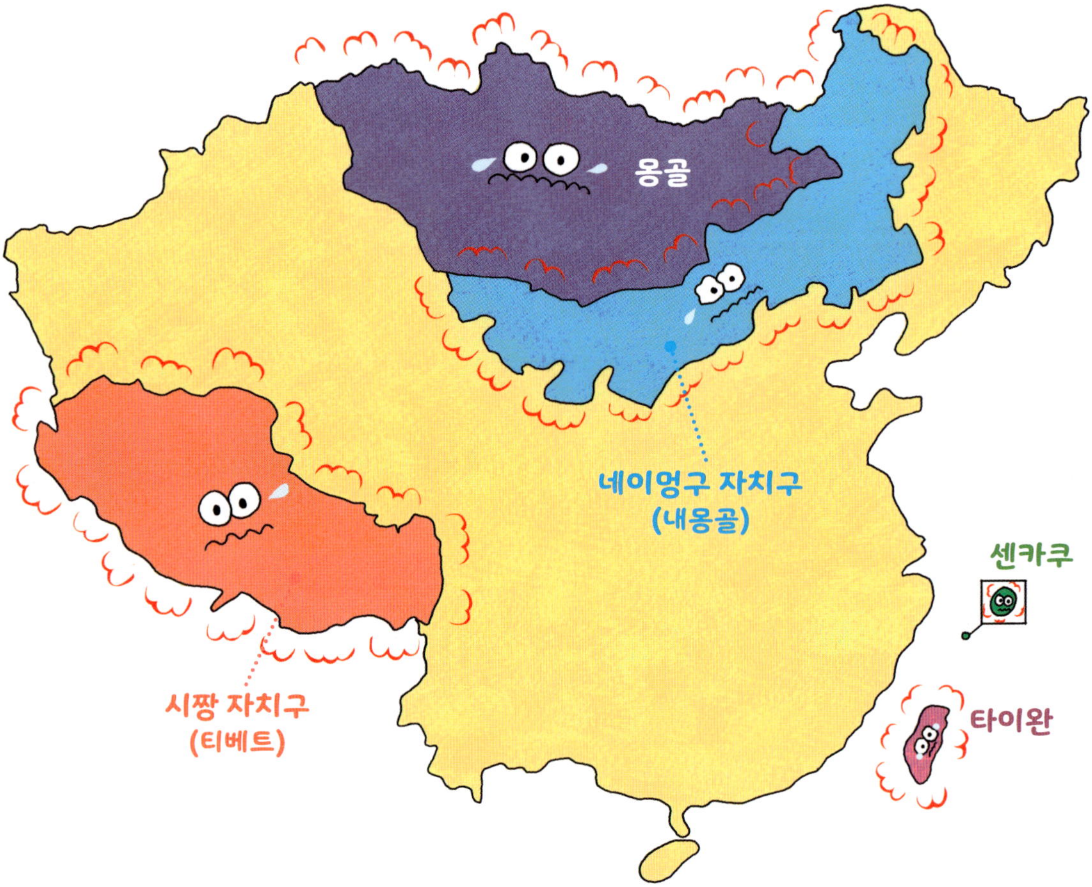

의 관계는 종교·외교·경제가 서로 얽혀 있기도 하답니다.

중국에서 티베트의 독립을 결사적으로 반대하는 데에는 몇 가지 지리적인 이유가 있어요. 우선 티베트족이 사는 시짱 자치구는 주로 산지이긴 하지만 면적이 무척 넓어요. 또 중국을 관통하는 두 개의 큰 강, 창장강과 황허강의 시작점이기도 하지요. 중국 대륙의 농사를 결정하는 가장 중요한 강들이지요.

그뿐만 아니라 인구 대국인 인도와 중국은 히말라야산맥을 따라 국경이 펼쳐져 있어요. 여러모로 중국은 이 지역을 매우 중요하게 생각하는 거예요.

그래서 티베트와 달라이 라마에 대한 중국의 태도는 매우 강경하답니다. 미국의 유명 가수 한 명은 달라이 라마와 만난 사진을 SNS에 올린 후, 중국에서의 활동이 금지되기도 했어요. 또한 시짱 자치구에 수백만 명에 달하는 한족이 끊임없이 이주하고 있어서, 티베트의 독립운동은 더욱 힘들어지고 있답니다.

센카쿠 vs. 댜오위다오

타이완 북동쪽으로 약 200킬로미터, 일본의 오키나와섬 서남쪽으로 약 400킬로미터 떨어진 곳에 다섯 개의 무인도와 세 개의 암초로 이루어진 지역이 있어요.

지금은 일본이 지배하고 있지만, 중국과 타이완도 영유권을 주장하고 있는 섬이에요. 국제적으로 '센카쿠' 또는 '댜오위다오'라는 이름으로 알려져 있지요. '물고기를 잡는 섬'이라는 뜻의 중국 한자를 우리나라 말로 읽어서 '조어도'라고도 부른답니다.

중국과 일본은 무인도를 놓고 아주 오랫동안 다투고 있어요. 서로 자기네 땅이라고 주장하는 거지요. 중국은 이 지역을 돌려 달라고 일본에 강하게 요구하고 있어요.

하지만 일본은 엄청난 이익이 되는 센카쿠를 양보할 생각이 전혀 없어 보여요. 센카쿠 열도의 면적은 불과 6제곱킬로미터에 불과하지만, 섬 아래쪽 바다에 석유를 포함한 많은 자원이 묻혀 있을 걸로 예측되기 때문이에요. 게다가 바다가 누구의 것이냐에 따라, 영토의 범위가 크게 변할 수도 있답니다. 그러니 일본도 강경하게 중국의 요구를 거절할 수밖에요.

어째 중국을 중심으로 빙 둘러 다투는 거 같은데, 기분 탓인가?

땅이 크다는 건 그만큼 많은 나라들과 국경을 접한단 뜻이야. 그러니 문제도 많이 생길 수밖에.

나처럼 힘이 세면 문제가 없을 텐데.

근데 아까 강아지는 왜 피한 거야?

같은 민족 다른 나라, 외몽골과 내몽골

동부 아시아 지도를 살펴보세요. 중국에 네이멍구(내몽골) 자치구라는 곳이 있어요. 안쪽을 뜻하는 내몽골이 있다면, 바깥쪽을 뜻하는 외몽골도 있지 않을까요? 맞아요! 바로 지금의 몽골이 외몽골이었답니다.

세계 지도를 새롭게 쓸 정도로 거대한 영토를 자랑하던 몽골족의 대제국이 멸망한 후, 몽골은 청나라의 지배를 받았어요. 청나라는 고비 사막을 경계로 삼아, 몽골을 내몽골과 외몽골로 나누어 다스렸지요. 그러다가 20세기 초, 청나라가 망한 틈을 타 외몽골은 공산주의 국가인 소련의 도움을 받아 독립을 시도했어요.

이후 외몽골은 1990년까지 소련의 지배를 받는 공산주의 국가였다가, 소련이 붕괴되면서 민주주의 국가로 다시 태어났지요.

이와 달리 내몽골 지역은 중국의 자치구로 남게 되었어요.

이후 백여 년이 흐른 지금, 네이멍구 자

치구의 인구는 2,500만 명에 달해요. 그런데 그중 몽골족은 400만 명에 불과하답니다. 한족의 숫자가 많아지면서 중국의 행정 구역으로 완전히 자리 잡은 거예요. 그렇지만 긴 시간 몽골족이 살던 곳이었기에 영토가 둘로 나뉘었다고 여기는 몽골 사람들이 아직 있어요.

이처럼 지리적으로 역사적으로 여러 사건들이 얽혀 나라의 모습이 바뀌기도 한답니다.

지금, 그리고 앞으로의 동부 아시아

빠르게 인구가 줄어들다

동부 아시아의 여러 나라들은 인구 문제로 골머리를 앓고 있어요. 몽골은 조금 다른 고민이긴 해요. 땅은 넓은데 인구가 너무 적어서 걱정이거든요.

대한민국과 중국, 일본은 인구가 줄어들고 있어서 걱정이랍니다. 세 나라는 세계적으로도 출생률이 매우 낮은 편에 속해요. 노년층은 많은데 태어나는 아이는 줄어드니, 나라가 아주 빠르게 늙어 가고 있다고 할 수 있어요.

중국은 전 세계에서 인구가 많은 걸로 항상 두 손가락(인도와 엎치락

뒤치락하는 중이니까요.) 안에 들어요. 그런데 인구가 줄어든다니요? 사실 중국 정부가 인구 감소에 대한 걱정을 하게 된 지는 얼마 되지 않았어요. 그동안은 인구가 많아서 오히려 자녀를 한 명만 낳자는 정책을 추진할 정도였거든요.

중국은 인구 증가를 막기 위해 1979년부터 '1가구 1자녀' 정책을 실시했어요. 그런데 경제가 점점 발전하면서 사람들이 아이를 적게 낳자 2016년에 '1가구 2자녀' 정책으로 바꾸었어요. 그래도 인구가 줄어들 것으로 예측되어 2021년에는 '1가구 3자녀'로 정책을 또 바꾸었지요.

하지만 인구가 줄어들기 시작하자 중국 남부의 쓰촨성에서 가장 먼

저 '1가구 3자녀' 정책을 없애버렸어요. 그동안 아이를 세 명 넘게 낳지 못하게 제한했었는데, 이제 출산에 제한을 두지 않게 된 거예요.

2022년을 기준으로 중국 인구는 전년보다 85만 명이 감소했어요. 중국에서 인구가 줄어든 건 1961년 이후 처음 있는 일이었지요. 여러 노력에도 불구하고 실제로 인구가 줄어들자, 쓰촨성을 시작으로 다른 지역에서도 출생 제한 정책을 아예 없앨 가능성이 커졌어요.

사실 인구가 줄어드는 건 세계적인 사회 문제 중 하나예요. 그중에서도 동부 아시아의 경제가 빨리 발전하면서, 일본, 대한민국, 중국 순서로 인구 감소 문제가 불어닥친 거지요. 동부 아시아 나라들 모두 현명한 대응이 필요한 때랍니다.

가깝고도 먼 동부 아시아의 여러 나라

나름 평화로워 보이는 동부 아시아지만 역사적으로는 꼭 그렇지만도 않아요. 일본은 제2차 세계 대전이라는 큰 전쟁을 일으켰다가, 1945년 연합군에 패했어요. 하지만 전쟁이 끝나기까지 대한민국, 중국 등 많은 나라가 일본의 침략으로 인해 큰 피해를 입었지요.

그 후 팔십여 년이 지난 지금 주변 여러 나라들은 어떤 상황일까요? 미국은 한때 적이었던 일본을 동맹으로 삼아 동부 아시아에서 자신들의 이익을 지키려 하고 있어요. 경제적, 군사적으로 힘이 커진 중국을 견제하려는 거예요. 지리적으로 일본의 위치가 태평양으로 나오는 중국의 길목을 막아서는 모양새이기도 하지요.

하지만 일본에게 침략을 당했던 여러 나라는 과거에 대한 사과 없이 미국과 동맹을 맺은 일본을 우려의 눈길로 쳐다보고 있답니다.

그뿐만이 아니에요. 중국에서 떨어져 나온 타이완, 한반도를 둘로 나누어 휴전선을 맞대고 있는 남한과 북한 등 긴장감이 감도는 관계가 아직 곳곳에 남아 있답니다.

동부 아시아는 가장 큰 대륙인 아시아의 동쪽에 있으면서, 제일 넓은 바다인 태평양과 맞닿아 있어요. 이처럼 바다와 가까운 지리적인 이점 덕분에 예로부터 무역이나 교류가 활발했답니다. 또 동부 아시아 여러 나라들은 오래전부터 문자, 종교, 사상 등을 활발히 주고받았어요. 그래서 지금도 비슷한 전통이나 문화를 종종 찾아볼 수 있답니다.

이를 바탕으로 서로 다투기보다 협력해 나가는 동부 아시아의 모습을 기대해 보아요!

동부 아시아는 큰 갈등이 없다며? 근데 왜 긴장감이 높은 거야?

지리적인 이유야. 대평양으로 나오려는 중국과 대륙으로 진출하려는 일본, 중국이 태평양으로 나오는 걸 꺼리는 미국, 그리고 그 사이에 한반도가 끼어 있거든. 게다가 러시아도 국경을 맞대고 있지.

아, 호랑이 여러 마리가 한곳에 모여 힘겨루기를 하는 거로구나?

빙고!

지리야, 놀자!

세계 지도 속 동부 아시아

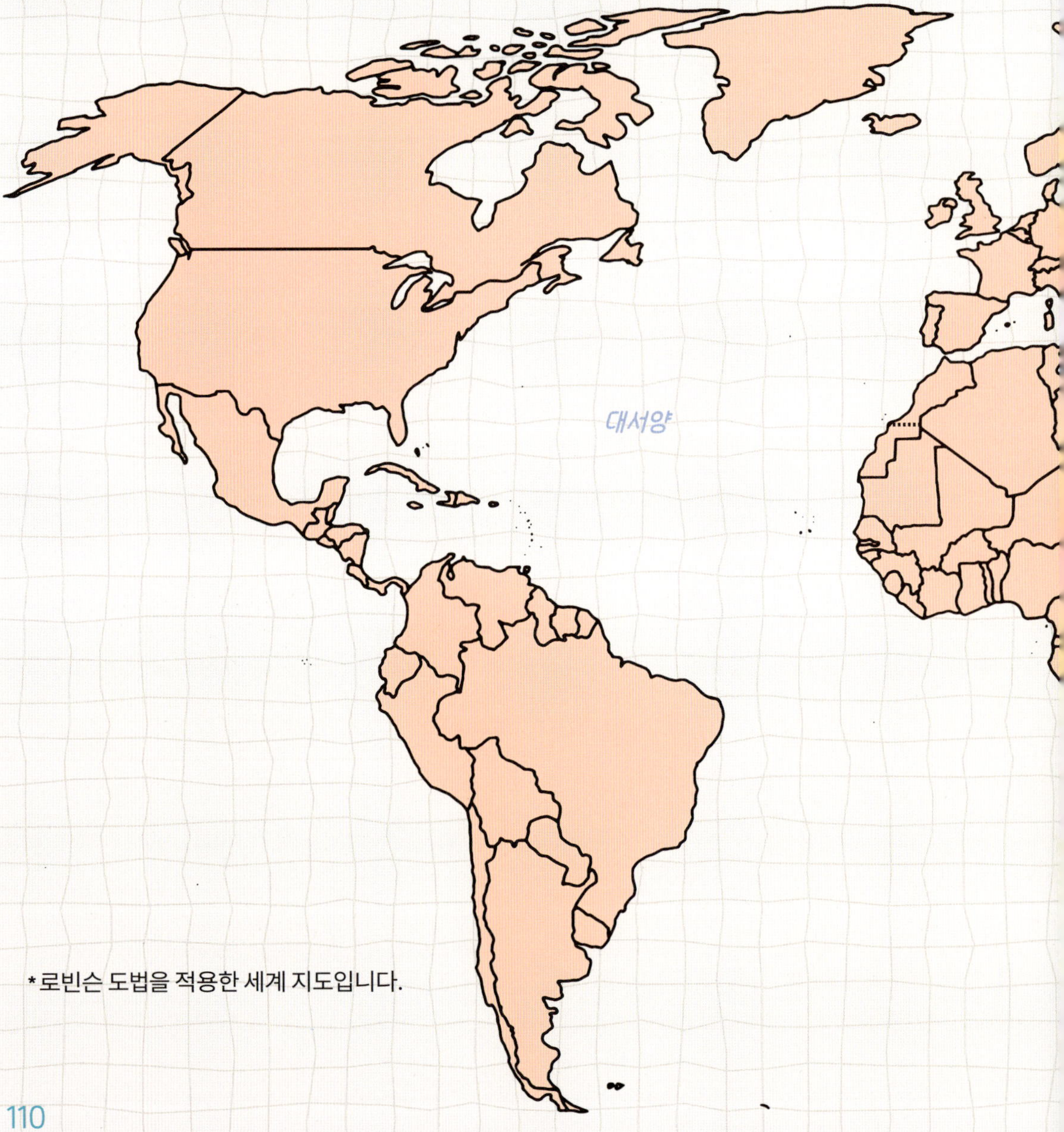

*로빈슨 도법을 적용한 세계 지도입니다.

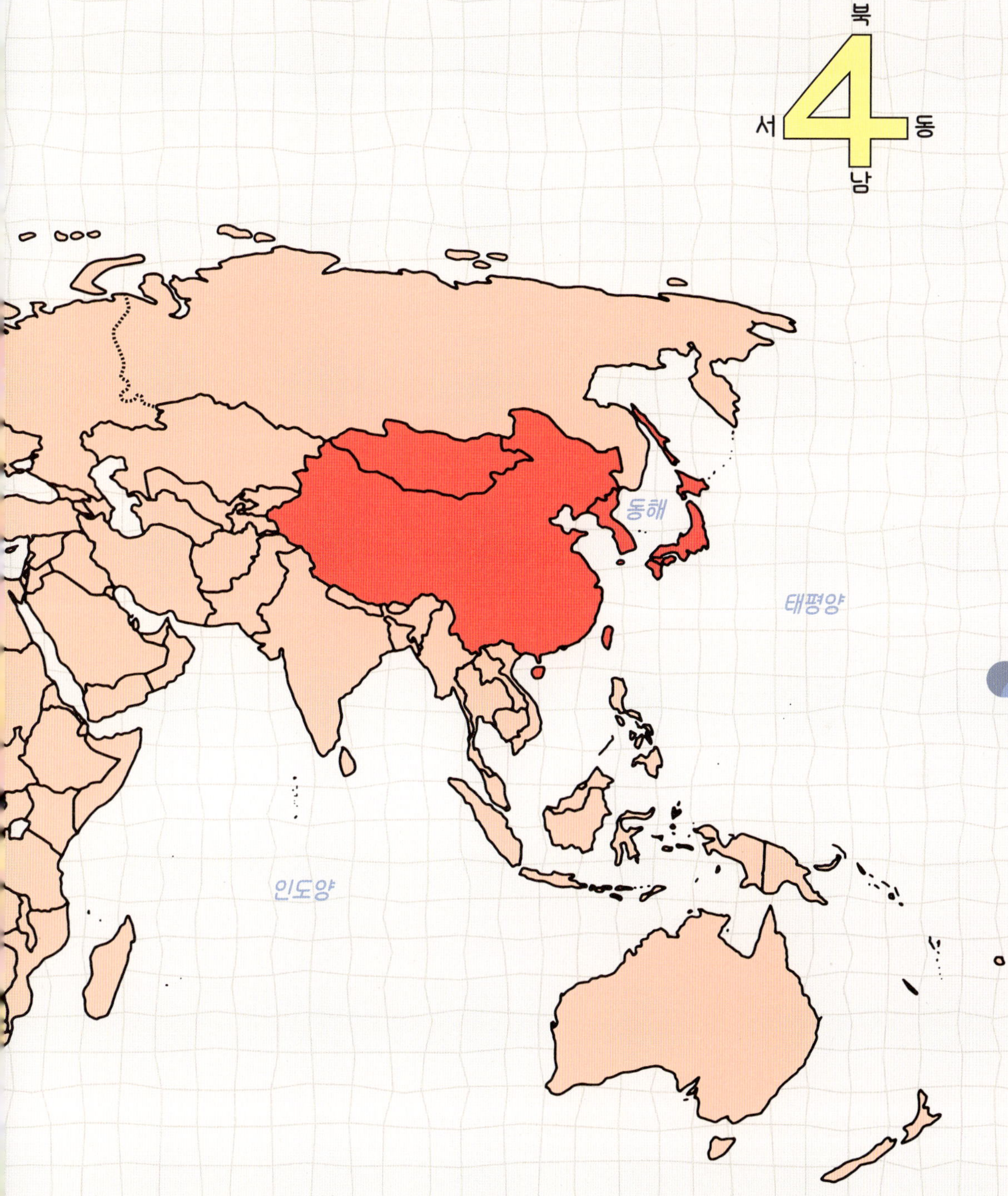

북
서
4
동
남
동해
태평양
인도양

지리 톡 세계 Talk
01 동부 아시아

초판 1쇄 발행 2026년 02월 03일

글 조지욱 **그림** 허현경 **감수** 한동균
발행처 주식회사 스푼북 **발행인** 박상희 **총괄** 김남원
편집 길유진 박선정 이민주 이지은
본문 디자인 권수아 정진희 **마케팅** 박병건 구혜정
출판신고 2016년 11월 15일 제2017-000267호
주소 (03993) 서울시 마포구 월드컵북로6길 88-7 ky21빌딩 2층
전화 02-6357-0050(편집) 02-6357-0051(마케팅)
팩스 02-6357-0052 **전자우편** book@spoonbook.co.kr

ISBN 979-11-6581-619-3 (73980)

* 사진 제공에 도움을 주신 곳 : 셔터스톡 | 한국항공우주연구원 | 위키미디어